Climate Report for Children

Climate is the statistics of weather over long periods of time. It is measured by assessing the patterns in temperature, humidity, atmospheric pressure, wind, precipitation, atmospheric particle count and other meteorological variables in a given region.

Human life and climate are closely related. The drastic change in climate threatens the lives of polar bears, seals, and humans, as well as many kinds of plants and organisms that live under water. Global warming, especially, is a serious problem. Due to global warming, the Arctic sea ice is melting, and desertification is ongoing in Many Countries.

Drastic climate changes have been linked to human activity by numerous researchers. Many scientists say the use of fossil fuels in power plants, factories and households will drive up temperatures and could spur floods, heat waves, and rising sea levels by 2100.

An unchecked increase in the use of fossil fuels could have catastrophic results for the planet. We have to protect the Earth before it's too late! Therefore, we should focus our efforts on finding alternative energy sources and reducing our dependency on fossil fuels.

This book describes stories about the climate. Children can learn the scientific and social understanding of weather through this book, and think about the impacts of global warming on the ecosystem.

To conserve our nature, actions, not words, are necessary now. So, let's do our best to conserve our nature now!

In the Text
* Weather and Climate
* The reason for seasons
* High pressure and Low pressure
* A tropical cyclone
* Climate's influence
* Abnormal weather phenomena
* Major contributors to global warming
* Alternative energy and environment

어린이를 위한
기후 보고서

풀과바람 지식나무 36

어린이를 위한 기후 보고서
Climate Report for Children

개정판 1판 1쇄 | 2017년 11월 15일
개정판 1판 5쇄 | 2022년 3월 15일

글 | 김남길
그림 | 강효숙

펴낸이 | 박현진
펴낸곳 | (주)풀과바람
주소 | 경기도 파주시 회동길 329(서패동, 파주출판도시)
전화 | 031) 955-9655~6
팩스 | 031) 955-9657
출판등록 | 2000년 4월 24일 제20-328호
블로그 | blog.naver.com/grassandwind
이메일 | grassandwind@hanmail.net

편집 | 이영란
마케팅 | 이승민

ⓒ 글 김남길, 그림 강효숙, 2017

이 책의 출판권은 (주)풀과바람에 있습니다.
저작권법에 의해 보호를 받는 저작물이므로 무단 전재와 복제를 금합니다.

값 11,000원
ISBN 978-89-8389-725-1 73400

※ 잘못 만들어진 책은 구입처에서 바꾸어 드립니다.

이 도서의 국립중앙도서관 출판예정도서목록(CIP)은 서지정보유통지원시스템 홈페이지(seoji.nl.go.kr)와
국가자료공동목록시스템(www.nl.go.kr/kolisnet)에서 이용하실 수 있습니다. (CIP제어번호 : CIP2017027035)

제품명 어린이를 위한 기후 보고서	**제조자명** (주)풀과바람	**제조국명** 대한민국	⚠ **주의**
전화번호 031)955-9655~6	**주소** 경기도 파주시 회동길 329		어린이가 책 모서리에
제조년월 2022년 3월 15일	**사용 연령** 8세 이상		다치지 않게 주의하세요.
KC마크는 이 제품이 공통안전기준에 적합하였음을 의미합니다.			

어린이를 위한 기후 보고서

김남길 · 글 | 강효숙 · 그림

풀과바람

머리글

지구의 자연환경에서 기후가 미치는 영향은 절대적입니다. 먼 옛날 공룡과 매머드가 버젓이 살아서 활동하던 시대가 있었지요. 하지만 그 주인공들은 오래전에 역사 속으로 사라지고 화석으로만 남아 있습니다. 끝까지 대를 잇지 못하고 멸종한 이유는 무엇일까요? 여러 가지 설이 있지만 분명한 것은 기후 변화를 이기지 못하여 대가 끊겼다는 사실이지요.

지구의 평균 기온은 15도. 이 온도는 우리가 살아가는 데 적당히 쌀쌀한 최적의 온도랍니다. 그런데 산업화가 평균 기온의 변화를 불러일으켰어요. 인류는 산업에 필요한 에너지를 얻기 위해 두더지가 되어 화석 연료를 캐내기 시작했지요. 세상이 좋아지면 좋아질수록 더 많은 화석 연료가 필요하게 되었고, 인류는 발전이라는 기관차를 타고 앞만 보고 달려왔습니다. 그 결과 이산화탄소를 내뿜고 달리던 기관차는 현재 0.74도의 기온 상승이라는 어마어마한 기록을 남겨 놓았어요.

여러분은 지구촌에서 일어나는 자연재해 현장을 눈이 아프게 보았을 거예요. 텔레비전에서 하루가 멀다 하고 홍수, 산불, 가뭄, 폭설, 폭염, 태풍 등의 소식을 전해 주니까요. 자연재해는 남의 일이 아니라 당장 내 발등에 떨어진 불이나 마찬가지랍니다. 우리는 지구 온난화를 불러들인 주인공으로 15.74도라는 지구의 온실 속에 모두 갇혀 있어요. 자연재해의 불똥이 언제든지 여러분 머리 위로 떨어질 준비가 되어 있는 거예요. 지구가 왜 이렇게 성격이 나빠진 것일까요?

본문에는 일반적인 기후 상식과 기후가 어째서 우리의 적으로 변하게 되었는지 차례로 소개해 놓았어요. 이 책을 보고 변해 가는 기후 환경에 대해 곰곰이 생각해 보는 시간을 가졌으면 해요.

차례

1. 날씨와 기후_8
2. 나라마다 다른 기후_12
3. 계절은 어떻게 생길까?_20
4. 돌고 도는 바람_25
5. 고기압과 저기압_33
6. 거대한 비바람 열대성 저기압_39
7. 기후가 인류에게 미치는 영향_45
8. 심해지는 온실 효과_58

9. 코앞에 닥친 이상 기후 현상_66
10. 징글징글한 자연재해_73
11. 땀나는 한반도_81
12. 온난화의 주범_89
13. 도마 위에 오른 화석 연료_96
14. 대체 에너지와 환경_101

기후 관련 상식 퀴즈_110
기후 관련 단어 풀이_117

1 날씨와 기후

날씨를 흔히 '기상'이라고 합니다. 온도, 습도, 바람, 구름 등은 기상을 파악하는 데 중요한 요소들이지요. 우리가 춥고 더운 것을 느끼는 것은 기상이 시시각각 변하기 때문입니다.

날씨는 그날 하루나 며칠 간의 일기 상태입니다. 눈, 비, 안개, 흐림, 맑음 등의 일기는 생활과 밀접한 관련이 있지요. 우리는 일기 예보를 통해 내일과 모레, 혹은 한 주간의 날씨를 알 수 있어요.

날씨는 기상대에서 위성 사진과 데이터 등 정보를 분석하여 관측합니다.

기상대에서는 위성 사진과 레이더로 여러 가지 정보를 관측하여 미리 알려 주지요. 예보관은 "내일은 전국적으로 맑은 날씨가 이어지겠습니다." 또는 "주말 아침부터 비가 내릴 예정이니 우산을 준비하십시오."라며 기상 소식을 전해 주곤 합니다. 우리는 집 안에 앉아서 전국의 날씨뿐만 아니라 세계의 날씨도 한눈에 알 수 있어요. 날씨는 짧은 기간의 일기 상태를 관측하여 알려 주는 것이니까요.

날씨는 위성 사진을 통하여 예측이 가능한 대신에 정확하지 않다는 약점이 있어요. 특히 며칠 뒤의 날씨를 예보할 때에는 적중률이 떨어진답니다. 여러분도 일기 예보에 속은 적이 있을 거예요. 잘못된 기상 정보로 약속이 취소되거나 비를 맞은 경험이 있을 테니까요.

일기 예보가 빗나가는 경우는 기상이 시시때때로 변덕쟁이 짓을 하기 때문이지요. 하늘은 예고 없이 비구름의 방향을 바꾸거나 순식간에 사라지게 하는 마술을 잘 부려요. 현재의 기술로는 부분적으로 일어나는 기상의 변화를 일일이 따라잡을 수 없답니다. 그래서 일기 예보관은 예측이 빗나갈 경우를 대비하여 "비 올 확률이 몇

일기 예보에선 해가 뜬다고 했는데….

퍼센트다."라고 전해 주는 거예요.

기후는 날씨와 달리 장기적인 기상을 종합하여 판단하는 것입니다. 봄, 여름, 가을, 겨울은 기후의 상황을 알려 주는 기상 상태입니다. 우리는 달력만 보고도 앞으로의 기후가 어떤 상태로 변할지 알 수 있어요. 봄이 가면 여름이 오고 다시 가을과 겨울로 이어지지요. 느닷없이 여름에서 겨울로 건너뛰는 일은 없습니다.

기후는 1년마다 돌고 도는 과정을 거치기 때문에 예보가 없어도 예측할 수 있어요.

이처럼 기후는 아무 예보 없이도 한 달 뒤나 1년 뒤의 대기 상태를 예측할 수 있어요. 기후는 1년마다 돌고 도는 순환 과정을 거치니까요.

그러나 기후는 날씨처럼 특정한 날의 기상은 알 수 없어요. 가령, 1년 뒤의 오늘이 여름이라는 것은 알지만 맑은 날이 될지, 비가 올지는 예측할 수 없지요. 기후는 과거에 누적된 일기를 바탕으로 미래의 기상을 예측하는 데 사용되니까요.

2 나라마다 다른 기후

기후는 나라마다 달라요. 1918년, 독일의 기상학자 쾨펜은 세계의 기후를 열두 개로 나누어 구분했습니다. 기후를 구분하는 데 첫째 조건은 식물의 성장 여부를 조사하는 것이었어요. 식물은 기후의 영향을 가장 많이 받는 대표적인 표본이니까요. 다음으로 쾨펜은 1년 동안의 평균 기온과 강수량을 조사하여 기후를 구분하는 기준으로 삼았어요. 그 지역의 기온이 얼마나 되느냐, 눈과 비는 얼마나 내리느냐 하는 것은 기후를 구분하는 데 중요한 요소들이니까요.

쾨펜은 이를 종합하여 세계의 기후를 한눈에 알 수 있게끔 기후 분포도를 만들었어요. 이 기후 분포도는 어떤 지역의 기후 현황을 제대로 알려 주는 데이터로 세계 표준으로 이용되고 있습니다. 그럼 지역마다 기후가 어떻게 다른지 알아볼까요?

온대 기후

온대 기후는 세상에서 가장 좋은 기후랍니다. 우리나라처럼 사계절이 또렷이 구분되어 있지요. 이 기후권의 나라들은 북반구의 중위도 지방에 몰려 있어요. 동북아시아를 비롯하여 북아메리카와 서유럽 국가들이 사계절의 혜택을 받고 있어요.

온대 기후에 속하는 나라들은 비슷한 위도상에 놓여 있지만, 동서양의 기후는 차이가 있습니다.

우리나라와 중국, 일본 등은 여름에 남동 계절풍의 영향을 받아 비가 자주 내립니다. 주기적으로 장마 전선이 북상하여 집중 호우를 뿌리곤

하지요. 그래서 여름은 무덥고 습도가 높습니다. 우리가 한여름에 땀을 비 오듯 흘리며 불쾌지수가 높아지는 것도 바로 고온 다습한 기후 조건 때문이에요. 불쾌지수는 공기 중의 습도가 80%에 이를 때 최고조에 달하지요.

우리나라의 겨울은 여름과 정반대의 현상이 나타납니다. 북서풍의

매서운 바람의 영향으로 춥고 건조한 날씨를 보이지요. 겨울에는 눈이 내리지만 여름의 강수량보다 훨씬 적게 내리는 편이에요.

서유럽과 북아메리카의 나라들은 기후 상황이 동북아시아와 다른 현상을 보입니다. 여름은 오히려 건조하고 겨울에는 습도가 높아요. 한여름의 기온은 높지만 습도가 낮기 때문에 땀을 줄줄 흘리지 않는답니다. 대신에 겨울은 춥지 않아서 안개가 자주 끼고 눈과 비가 많이 내려요. 온대 지역에서는 이 기후를 별도로 '지중해성 기후'라고 부릅니다.

열대 기후

적도 부근에 있는 나라들은 열대 기후권에 속해 있답니다. 이 나라들은 봄가을이 없고 여름과 겨울만 있어요. 그러나 여름과 겨울의 온도 차이가 심하지 않아 1년 내내 더운 날씨가 이어지지요. 연평균 기온이 최저 18도 이상 되는 지역이니까요.

동남아시아와 남아메리카의 아마존 지역이 열대 기후에 속해요. 이 지역에는 '스콜'이라 불리는 소나기가 자주 내리고 낮과 밤의 일교차도 크지 않답니다.

아프리카 중부 지방도 열대 기후에 포함되어요. 이곳의 기후를 '사바나'라고 하는데, 1년에 한 번씩 건기와 우기가 6개월씩 반복됩니다. 건기 동안은 강바닥이 갈라질 정도로 뜨거운 날씨가 이어지지요. 그러나

우기 때는 비가 억수같이 쏟아져 사라졌던 강과 호수가 금세 만들어진답니다.

아열대 기후

온대와 열대 지방의 중간에 있는 지역이 아열대 기후입니다. 주로 아라비아의 전 지역과 인도, 아프리카 북부 지방이 아열대 기후에 속해요.

이 기후권에 드는 지역은 넓은 모래밭이 끝없이 펼쳐져 있답니다. 낮에는 뜨거운 날씨가 이어지고 밤에는 모래바람이 불어 기온이 갑자기 뚝 떨어지는 곳이에요. 또한 강수량이 너무 적어서 식물이 거의 자라지 못한답니다. 그래서 아열대 기후 중에서 특히 건조한 곳을 '사막 기후'라고 하지요.

사막 기후 주변에는 비가 어느 정도 내려서 초원이 펼쳐진 곳도 있습니다. 그 지역은 풀이 많이 자라서 가축을 풀어놓고 기르기도 해요. 그곳의 기후를 '스텝'이라고 해요.

냉대 습윤 기후

냉대 습윤 기후는 시베리아에서 서부 알래스카와 캐나다 북부까지 넓게 펼쳐져 있는 지역입니다. 이 지역을 통틀어 '타이가'라 부르는데, 침엽수림이 빽빽이 자라고 있는 특징이 있어요. 타이가 지역은 연평균 기온이 10도 이상 되고, 겨울 평균 기온은 영하 30~40도에 이른답니다. 그래서 여름과 겨울의 연교차가 50도 가까이 차이 나기도 해요. 타이가 북부 지방은 여름에도 눈이 녹지 않는 곳이 있지만, 남부 지방은 비교적 따뜻하여 봄밀을 재배하기도 하지요.

한대 기후

한대 기후는 냉대 기후권의 북부 지방에 있어요. 연평균 기온이 10도 이하인 이 지역을 '툰드라'라고 해요. 툰드라는 1년 내내 추운 날씨가 이어져 나무가 거의 자라지 못하고, 3개월밖에 안 되는 짧은 여름 동안 순록이 좋아하는 이끼들이 자라난답니다. 이 지역은 농사를 짓기가 어려워 원주민들은 연어나 순록을 사냥해서 먹고 살아요.

한대 기후 중에 가장 추운 곳은 극지방입니다. 북극의 그린란드 내륙과 남극 전체가 극지방에 속해 있어요. 이 극지방에서는 여름에 해안가 부근에서만 이끼를 발견할 수 있어요.

남극은 북극보다 훨씬 추워서 남극점의 평균 기온은 영하 55도나 된답니다. 참고로 남극의 가장 낮은 기온은 영하 89.2도나 되지요. 이 기록은 1983년 러시아의 보스토크 기지에서 측정되었어요.

3 계절은 어떻게 생길까?

사계절은 북반구의 중위도 지역에만 나타납니다. 그럼 중위도가 좋은 기후로 혜택을 받는 이유가 무엇일까요?

지구는 우주 공간에서 반듯하게 서 있지 않습니다. 오른쪽으로 23.5도 기울어진 상태로 자전하며 낮과 밤을 만들지요. 이 23.5도라는 기울기가 계절을 일으키는 원인이에요. 지구는 1년에 한 번씩 태양 주위를 공전하는데, 23.5도 기울어 있는 관계로 시기마다 빛을 받는 양이 달라집니다. 지구 표면은 빛을 얼마나 받느냐에 따라 기후의 변화가 다르게 일어나니까요. 만약에 지구가 23.5도 기울어지지 않았다면 사계절 대신 봄과 가을만 있었을 거예요. 계절이 어떻게 변하는지 살펴볼까요?

그럼, 계절은 어떻게 생기는 걸까?

태양이 북반구의 왼쪽에 떠 있을 때는 중위도 지방에 여름이 찾아옵니다. 햇빛이 사람의 머리 꼭대기로 떨어지는 위치에 있으니까요. 그래서 덥습니다.

반대로 태양이 남반구의 왼쪽에서 비치면 북반구의 중위도는 가을 날씨가 됩니다. 햇빛이 발밑에서 머리 쪽으로 날아와 빛의 세기가 한풀 꺾이게 되지요. 그래서 선선해집니다.

봄은 태양이 북반구의 오른쪽에 있을 때 생겨납니다. 그런데 지구가 23.5도 기울어 있는 관계로 중위도 지방은 직사광선을 피할 수 있지요. 그래서 따뜻합니다.

태양이 남반구의 오른쪽에 있을 때는 북반구의 중위도에는 겨울이 찾아옵니다. 햇빛을 오래 받지 못하기 때문에 추워지는 것이지요.

북반구의 중위도 지방은 태양과 지구의 위치가 바뀔 때마다 계절의 변화를 일으키는 거예요. 햇빛의 양에 따라 차이가 생겨 춥고 더운 기후가 만들어지는 셈이지요.

열대 지방과 극지방 역시도 햇빛의 영향을 받아 서로 극단적인 기후 현상이 나타납니다. 열대 지방은 배가 볼록 튀어나온 지구의 중심부에 위치하고 있어요. 태양이 어느 위치에 있든지 간에 언제나 따가운 햇빛을 받을 수 있지요. 그래서 1년 내내 무더운 날씨가 이어진답니다.

반대로 극지방은 햇빛을 제대로 받지 못하는 위치에 있어요. 따라서 항상 추운 날씨가 이어지지요. 극지방은 여름과 겨울이 6개월씩 교대로 일어나는 현상을 보입니다. 태양이 북반구에 머물러 있을 때는 북극은 여름이 되고 남극은 겨울이 되는 것이지요. 반대로 태양이 남반구에 머무르면 6개월 동안 남극은 여름이 되고 북극은 겨울이 되지요. 그런데 이 시기에 햇빛이 극지방의 끄트머리까지 비춰 줄 때가 있어요. 이때는 극지방에 백야 현상이 일어납니다. 백야는 밤에도 해가 떠 있는 현상으로 남극과 북극에서 각각 약 3개월가량 나타나지요.

극지방에서는 어두운 밤에 이따금 오로라가 발생하기도 해요. 오로라는 대기 중에 아름다운 빛깔의 광선이 스크린처럼 펼쳐져 있는 모양이에요. 이것은 지구의 자기장에 이끌려 모여 있던 햇빛이 화려한 광채를 내뿜으면서 나타나는 현상이에요.

태양은 지구의 기후를 조절할 뿐만 아니라 이처럼 초자연적인 현상을 보여주기도 합니다. 그리고 이 모든 현상의 원인은 지구가 오른쪽으로 23.5도 기울어져 있기 때문이고요.

4 돌고 도는 바람

바람은 공기의 배달꾼

바람은 잠시도 가만히 있지 않고 늘 어디론가 떠돌아다닙니다. 세상에서 바람만큼 바쁘게 지내는 무생물은 없을 거예요. 바람은 태양의 심부름꾼으로 공기를 움직이는 역할을 맡고 있어요. 여름에는 후덥지근한 바람을 보내고, 겨울에는 차가운 바람을 몰고 다니지요.

사실 추운 겨울이라도 바람이 불지 않으면 그렇게까지 춥지 않습니다. 바람이 찬 공기를 끊임없이 배달하기 때문에 우리 몸이 추워지고 물이 꽁꽁 어는 거예요. 기온을 떨어뜨리는 주인공은 바람인 것이죠.

그런데 바람은 어떻게 부는 걸까요? 바람은 기압이 높은 곳에서 낮은 곳으로 이동하는 성질이 있어요. 한낮에 바다의 대기는 육지보다 기압이 높고 밤에는 육지보다 기압이 낮습니다. 왜냐하면 낮에는

기온을 떨어뜨리는 주인공인 바람!!

대륙 쪽에 있는 공기의 온도가 뜨거워져 팽창해서, 바다보다 기압이 낮아지기 때문이지요. 이렇게 육지에서 상승한 공기는 바다 쪽으로 이동하고, 육지보다 기압이 높아진 바다 쪽에서는 대륙 쪽으로 공기가 이동하게 돼요. 그래서 바람이 낮에는 바다에서 육지로 불어요. 이것을 해풍이라고 부르지요. 반대로 밤에는 육지가 금방 식어버리고, 바다가 천천히 식어서 바다 쪽이 저기압을 띠게 되기 때문에 육지에서 바

다로 부는 육풍이 불게 되지요.

이렇게 바람은 일정한 규칙을 지키며 대기 안에서만 맴돕니다. 절대 우주 밖으로 도망치는 일은 없어요. 지구의 중력이 바람을 꽁꽁 묶어 두고 있기 때문이지요.

높새바람 : 우리나라에는 봄마다 북동쪽에서 태백산을 타고 넘어오는 바람이 있습니다. 이 바람은 높은 산봉우리에서 골짜기 아래로 불기 때문에 '높새바람'이라고 하지요.

높새바람은 새싹과 꽃을 피우는 데 도움을 주어서 '꽃바람'이라고 부르기도 한답니다. 그러나 높새바람은 건조하고 훈훈해서 오래 불면 좋지 않아요. 봄에 가뭄을 일으켜 산불의 원인이 되기도 하니까요.

회오리바람 : 원래 바람은 눈에 보이지 않으나 맨눈으로 관찰할 수 있는 바람도 있어요. 바로 회오리바람이지요. 회오리바람은 먼지를 일으키며 회전하기 때문에 금세 눈에 띈답니다.

하늘과 땅 사이에서 온도 차이가 크게 나는 공기가 갑자기 충돌하면 아래쪽의 더운 바람이 위쪽으로 솟구쳐 오릅니다. 그때, 바람이 뺑뺑이를 돌며 회오리를 일으키지요. 공기의 온도 차이가 클수록 회오리바람은 점점 빨라지고, 그런 지역이 넓을수록 회오리바람은 크게 만들어지지요. 회오리바람은 일시적으로 일어났다가 사라지곤 해서 '국지풍' 또는 '돌풍'이라고 불러요. 사람이나 황소가 거센 돌풍에 휘말리면 멀리까지 날아가서 곤두박질치기도 한답니다.

여러분은 하늘에서 물고기가 떨어진다면 믿겠어요? 실제로 귀신이

곡할 사건이 일어나기도 한답니다. 회오리바람은 물 위에서도 만들어지는데, 그것을 '용오름'이라고 해요. 물 위에서 용오름이 일어나면 물과 물고기가 회오리바람 속으로 빨려들어가지요. 그런데 용오름이 그치면 물은 소나기처럼 뿌려지고 물고기는 땅바닥으로 떨어지게 됩니다. 용오름에 휘말렸던 동해의 오징어가 설악산에 떨어진 적도 있어요.

미국에서는 해마다 500여 개나 되는 회오리바람이 일어납니다. 그중에서 강력한 회오리바람은 집과 자동차들을 날려 버리고 주변을 쑥대밭으로 만들어 버리지요. 이 거대한 회오리바람을 '토네이도'라고 해요.

토네이도는 주로 5월에 많이 발생하는데, 이 시기에는 폭풍우의 영향으로 하늘과 지상의 온도 차이가 심해져요. 게다가 드넓은 대평원은 토네이도가 활동하기에 딱 좋은 조건이에요.

중심의 최저 속도가 초당 100미터로 무시무시해요.

토네이도가 크게 발생할 때는 중심의 회전 속도가 초당 100미터가 되기도 해요. 그 정도 규모의 토네이도가 지나가면 무거운 열차도 견뎌 내지 못한답니다. 1931년, 미국의 미네소타에서 발생한 토네이도는 승객 119명을 태운 83톤짜리 객차를 풍선처럼 날려 버렸으니까요. 토네이도, 정말 무시무시하지요?

계절풍 : 우리나라에는 계절마다 부는 고유의 바람이 있습니다. 봄에는 동쪽에서 샛바람이, 여름에는 남쪽에서 마파람이, 가을에는 서쪽에서 하늬바람이, 겨울에는 북쪽에서 된바람이 불어오지요. 계절마다 동서남북에서 불어오는 이 바람은 작은 계절풍이라고 할 수 있어요.

우리나라의 계절풍입니다.

실제 계절풍은 대륙과 대륙 사이에서 부는 바람으로 여름과 겨울에 발생합니다. 우리나라에는 여름에 남동풍이 불고 겨울에는 북서풍이 불지요. 이 바람이 진짜 계절풍으로 '몬순'이라고 해요.

편서풍과 무역풍 : 편서풍과 무역풍은 대규모의 큰 바람입니다. 편서풍은 북반구와 남반구의 중위도 지방에서 발생하여 서쪽으로만 치우쳐서 부는 바람이에요.

우리나라는 해마다 봄이 되면 황사가 찾아옵니다. 황사는 중국 내륙 지방에서 발달한 편서풍을 타고 우리나라 쪽으로 날아오지요. 편서풍이 이동하는 시기에는 높은 하늘에 제트기류가 생겨나 황사가 빠른 속도로 퍼집니다. 그 흙먼지는 우리나라뿐만 아니라 태평양 건너까지 날아가기도 해요.

무역풍은 북반구와 남반구의 대륙에서 각각 적도 쪽으로 부는 바람입니다. 오래전부터 무역선들이 이 바람을 타고 항해했기 때문

해마다 불어오는 황사 바람도 편서풍이지요.

에 무역풍이라고 불리게 되었지요. 북반구에는 북동 무역풍이 불고 남반구에는 남동 무역풍이 분답니다.

5 고기압과 저기압

공기가 누르는 힘을 '기압'이라고 해요. 대기 중에는 무게가 다른 기압이 떠다닙니다. 보통 우리 주위보다 기압이 높으면 '고기압', 낮으면 '저기압'이라고 하지요.

우리는 평상시에는 기압이 높고 낮음을 전혀 느낄 수 없어요. 하지만 산에 갔을 때 갑자기 귀가 먹먹해지는 것을 느낀 경험이 있을 거예요. 그것은 기압의 차이로 귓속의 평형이 깨졌기 때문에 생기는 현상입니다.

기상에서는 일반적으로 날씨가 좋으면 고기압, 궂으면 저기압이라고 합니다. 두 기압의 변화에 따라 맑은 날과 흐린 날이 결정되기 때문이지요.

두 기압이 서로 평형을 유지하며 사이좋게 지낼 때는 대체로 맑은 날씨가 이어집니다. 그러나 지표면의 공기가 데워지면 기압의 균형이 깨지며 저기압이 발달하게 되지요.

더운 날씨는 지표면의 수증기를 증발시켜서 대기를 불안정하게 만듭니다. 많은 수증기가 대기에 가득 차면 공기의 밀도가 높아지고, 더운 공기가 팽창하면서 주위의 온도를 빠르게 떨어뜨리거든요. 그 순간, 대기 중의 수증기가 순식간에 얼어붙으며 구름으로 변합니다. 이처럼 저기압이 발달하는 상황을 '기압골이 형성되었다.'고 해요.

고기압과 저기압은 기압골에서 본격적인 세력다툼을 하지요. 이 싸

움에서 저기압이 계속 세력을 넓혀 나가면 하늘은 거대한 구름으로 뒤덮이게 되지요. 이때는 전선이 형성되며 비를 뿌리기 시작한답니다.

보통 큰비가 내릴 때는 구름이 시루떡처럼 수직으로 층층이 쌓입니다. 이 구름을 '적란운'이라고 하는데, 적란운이 하늘을 뒤덮으면 새까맣게 변하지요. 왜 그럴까요? 햇빛은 구름 덩어리들이 층층이 쌓여 있으면 통과하지 못해요. 아래쪽의 구름에 그림자만 만들어 놓습니다. 그래서 하늘은 먹구름이 낀 것처럼 어두워지게 되지요.

하늘이 까맣네. 비가 올 거 같아.

구름은 작은 알갱이로 된 물방울로 되어 있어요. 그것들이 서로 뭉치면 무거워져서 땅바닥으로 곤두박질치게 되지요. 그게 바로 빗방울인데, 이 빗방울은 겨울에는 눈이 되어 떨어진답니다. 그리고 한여름에는 구름이 차가운 공기에 부딪혀 갑자기 꽁꽁 얼어 버릴 때가 있어요. 이때 떨어지는 것이 우박입니다. 우박은 콩알만 한 것에서부터 밤알만 한 것까지 크기가 다양해요. 그러나 우박은 크든 작든 간에 한번 떨어지면 농작물을 남김없이 해치게 됩니다. 우박은 느닷없이 급조되어 나타나기 때문에 기상청에서도 예보하지 못하지요.

안개는 물방울이 낮게 떠 있는 상태예요. 대기의 기압이 전체적으로 낮아지면 수증기는 상승하지 못한 채 지상에서 머뭇거립니다. 혹시 이른 아침에 저수지에서 물안개가 피어오르는 모습을 본 적이 있나요? 이 물안개는 수증기가 얼어붙은 모습이에요. 일교차가 커지면서 대기의 수증기는 이처럼 안개로 변신하지요. 안개는 여름에 이슬을 맺게 하고 겨울에는 서리가 되어 떨어진답니다.

천둥과 번개 : 대기에는 전기적인 힘을 가진 전하가 떠다닙니다. 전하는 평상시에는 흐르지 않지만 비구름이 발생하면 엄청난 위력을 과시해요.

구름과 구름 사이, 구름과 땅 사이에서 번개가 발생해요.

비구름이 이동할 때는 땅과 구름 사이의 온도 차이가 커지고, 습기로 가득 찬 대기에 전하가 흐르게 됩니다. 그 전하는 습기를 타고 다니다 한곳에 똘똘 뭉치는 버릇이 있어요. 그러다가 어느 순간에 번쩍거리며 에너지를 방전합니다.

여러분은 하늘에서 땅으로 떨어지는 빛을 보았을 거예요. 그 빛이 번개, 또는 벼락이라 불리는 낙뢰랍니다. 낙뢰는 주로 구름과 구름 사이에서 치지만, 구름과 땅 사이에서도 치니까요.

낙뢰가 떨어진 뒤에는 반드시 천둥이 울려요. 천둥은 전하가 갑자기 방전되면서 공기를 팽창시키기 때문에 나는 소리입니다. 그리고 벼락이 치고 나서 뒤늦게 천둥이 울리는 것은 빛이 소리보다 훨씬 빠르기 때문이지요. 빛은 1초에 30만 킬로미터를 날아가고 소리는 340미터밖에 전달되지 못하니까요. 산에 가서 "야호!" 하고 외치면 뒤늦게 메아리가 울리는 것과 같아요.

낙뢰는 높은 지대나 전기가 잘 통하는 곳에 먼저 떨어지는 습성이 있습니다. 그래서 높은 탑이나 금속성 물체를 향해 떨어지는 경우가 많아요. 낙뢰는 엄청난 전기 에너지를 한순간에 떨어뜨리기 때문에 사람이 맞으면 살아남지 못해요.

피뢰침은 이러한 위험을 막아 주는 역할을 해요. 높은 건물에는 어디에나 피뢰침이 설치되어 있어요. 삼지창처럼 생긴 피뢰침은 낙뢰를 끌어모아 에너지를 땅속으로 흘려보내는 역할을 하지요.

　피뢰침이 없는 허허벌판에 있을 때는 주의해야 합니다. 벼락은 평지에서는 가장 높은 곳을 향하여 잽싸게 떨어지기 때문에 아주 위험해요. 비를 피한다고 큰 나무 밑에 있으면 벼락을 맞을 확률이 높아요. 허허벌판에서 우산을 쓰고 있는 것도 위험하고요. 날씨가 궂은 날에는 일단 위험한 장소에서 빨리 벗어나는 게 가장 안전하답니다.

6 거대한 비바람 열대성 저기압

우리나라에는 해마다 반갑지 않은 손님이 찾아옵니다. 바로 태풍이지요. 태풍은 바람과 비를 몰고 다니며 엄청난 위력을 보여 줍니다. 순식간에 나무들을 뿌리째 뽑아 버리거나 집과 농경지를 침수시키기도 하지요.

우리나라에는 여름부터 가을까지 태풍이 찾아오는데, 늦게 찾아오는 태풍일수록 그 위력이 세답니다. 대기의 온도 차이가 클수록 규모가 큰 태풍이 만들어지기 때문이지요. 이 태풍을 '열대성 저기압'이라고 불러요.

열대성 저기압은 전 세계에서 한 해 동안 100여 개가 만들어집니다. 국제 기상 기구에서는 열대성 저기압

의 중심 풍속이 초당 32미터가 넘어야 태풍급으로 취급해요. 그러나 우리나라와 일본은 중심 풍속이 초당 17미터만 넘어도 태풍으로 인정합니다. 안전을 생각해서 미리 대비하기 위함이죠. 열대성 저기압은 저절로 사라질 때도 있지만, 예고 없이 그 규모가 어마어마하게 커질 때도 있으니까요.

적도 부근은 지구상의 모든 열대성 저기압이 만들어지는 근원지입니다. 그런데 그 근원지가 어디냐에 따라 부르는 이름이 달라요.

필리핀의 근해에서 발생하여 동아시아를 강타하는 것이 바로 '태풍'입니다. 북태평양의 동부와 카리브해, 멕시코만에서 발생하여 그 일대를 휩쓰는 것이 '허리케인'이지요. 그리고 인도양의 벵골만과 아라비아 해에서 발생하는 것을 '사이클론', 남태평양에서 발생하는 것을 '윌리윌리'라고 하지요.

윌리윌리는 오스트레일리아 대륙과 남태평양의 섬나라들을 괴롭히던 태풍의 이름이었어요. 그런데 지금은 '윌리윌리'라는 명칭 대신에 사이클론으로 통일해서 부르고 있어요.

태풍의 이름

태풍은 이름표를 달고 다녀요. 발생하는 순서에 따라 미리 정해 놓은 이름을 사용하지요.

과거의 태풍은 모두 영어식으로 베티, 사라, 루사 등 여자 이름만 사용했어요. 사나운 태풍이 여자처럼 온순해지기를 바라는 마음에서지요.

그런데 1978년부터 미국 태풍 합동 경보 센터에서 남녀의 이름을 반반씩 지어서 번갈아 부르게 되었어요. 여자 이름만 사용하는 것은 남녀 차별이라는 의견을 받아들인 결과랍니다.

그 뒤, 태풍의 영향권에 있는 14개

그런데 왜 태풍 이름은 다 여자 이름이었을까?

그건 태풍이 워낙 사나우니까….

국(한국, 미국, 일본, 필리핀, 홍콩, 베트남 등)은 태풍 위원회를 열어 새로운 합의를 보았어요. 나라마다 고유의 언어로 태풍의 이름을 10개씩 지어 차례차례 사용하기로 한 것입니다.

우리나라는 나리, 장미, 수달, 노루, 제비, 너구리, 고니, 메기, 나비, 개미를 태풍의 이름으로 지었어요. 북한은 기러기, 도라지, 갈매기, 매미, 민들레, 소나무, 메아리, 버들, 봉선화, 날개를 사용하기로 했지요.

각 나라에서 지은 140개의 태풍 이름은 2000년도부터 차례차례 사용되기 시작했어요. 그런데 아주 큰 피해를 준 태풍 이름은 다시 사용

하지 않아요. 우리나라는 2002년 8월에 '매미' 때문에 큰 피해를 봤어요. 그래서 북한이 이름 붙였던 매미는 무지개로 바뀌었어요. 우리나라가 이름 지었던 수달과 나비도 각각 미리내와 독수리로 대체되었답니다.

태풍은 어떻게 발생할까?

적도 주변에 무더운 날씨가 이어지면 바닷물의 증발 속도가 빨라집니다. 보통 해수면의 온도가 27도 이상 될 때 엄청난 양의 수증기가 상승 기류를 타고 올라가지요. 상승 기류가 일어나면 그 빈 자리를 채우기 위해 주위에 있는 바람이 몰려듭니다. 그러나 새 바람은 오히려 상승 기류를 도와주는 꼴이 되어 더 많은 수증기를 증발시키지요.

수증기를 잔뜩 먹은 상승 기류는 지구의 자전 때문에 시계 반대 방향으로 회전합니다. 이때 원심력에 의해 열대성 저기압이 만들어지며 바람이 없는 빈자리가 태풍의 눈이 되지요.

그런데 태풍은 어떻게 발생하지?

태풍은 이동 중에 찬 공기와 부딪히면 그 세력이 점점 커집니다. 반경이 수백 킬로미터까지 넓어지기도 해요.

하지만 태풍이 아무리 커도 중심부인 태풍의 눈에는 구름이 끼지 않습니다. 하늘에서 차가운 하강 기류가 내려와

구름을 걷어내 준 덕분이지요. 태풍의 중심 기압은 기압의 단위인 헥토파스칼로 나타내는데, 중심 기압이 낮을수록 태풍의 위력은 더욱 커집니다.

　태풍은 비와 바람을 잔뜩 머금고 있는 상태예요. 그래서 육지를 관통하여 지나갈 때는 비바람의 영향을 동시에 받게 되어 그야말로 아수라장이 되고 말지요.

　해마다 필리핀 부근에서 발생하는 태풍의 수는 약 30개 정도입니다. 이 중에 우리나라에 직접적인 영향을 끼치는 태풍은 3~4개뿐이고요.

7 기후가 인류에게 미치는 영향

지구 역사 속의 기후

기후는 모든 생물의 생존 여부를 결정짓는 무서운 힘을 가지고 있습니다. 지구가 탄생한 이래 기후가 한 번씩 변화를 일으킬 때마다 생명체들은 탄생과 멸종을 반복했지요. 과거의 지질 시대에는 공룡과 매머드가 뜻하지 않은 기후 변화로 날벼락을 맞고 지구상에서 사라졌어요.

공룡이 멸종한 데에 대한 의견은 분분합니다. 지구에 유성이 떨어져 기후 변화를 일으켰을 것이라는 추측과 화산 활동으로 인해 기후 변화가 있었을 것이라는 가정이 대표적이지요. 이 두 가지의 경우 기후 변화를 가져오는 원인은 화산 가스가 대기를 뒤덮어 버리기

때문입니다.

대기층에 새까만 화산 연기가 쌓이면 햇빛이 들어오지 못해 지구는 갑자기 기온이 뚝 떨어지게 됩니다. 그리고 덩치가 큰 공룡들은 이 추위에 적응하지 못해 떼죽음을 당하게 되지요.

신생대의 매머드를 멸종시킨 것은 빙하기의 강추위입니다. 매머드는 빙하기에도 나름대로 버티며 살았지만 끝내는 먹이를 구하지 못하여 지구에서 사라지게 되었지요.

인류가 위대한 것은 급격한 기후 변화에도 환경에 잘 적응했기 때문입니다. 현재처럼 두 발로 걷는 인류는 약 200만 년 전에 지구상에 모습을 드러냈어요. 그들은 빙하기가 닥칠 때마다 슬기롭게 극복했어요. 불을 발견하여 추위를 이겨내고 옷, 집, 도구 등을 발명하여 살아남을 수 있었지요.

하지만 인류가 기후와 싸워서 끝끝내 살아남을 수 있었던 근본적인 원인은 식량 문제를 해결했기 때문이랍니다. 비교적 따뜻한 지역에 살았던 인류는 농경 문화를 일으켜 자급자족할 수 있는 기틀을 마련했지요. 추운 지방에 살았던 인류는 북극에서도 살아남는 저력을 발휘했습니다. 그들은 '이글루'라는 얼음집을 지어 살면서 동물을 사냥하여 날고기를 먹었어요. 이 민족을 '에스키모'라고 하지요.

뒷날, 에스키모들은 아메리카 대륙으로 진출하여 들소를 사냥하여 먹고 사는 인디언이 되었어요. 나중에 이 인디언들의 일부가 다시 남쪽으로 내려가 남아메리카의 인디오로 자리 잡았고요. 인류는 이처럼 기후의 악조건 속에서도 살아남아 만물의 영장이 될 수 있었던 거예요.

지구에 마지막 빙하기가 일어난 것은 약 1만 3000여 년 전입니다. 그 뒤부터 지구의 기후는 평균 온도 15도를 유지하는 간빙기 시대를 맞이했어요. 인류는 최적의 기온 속에서 살며 문명을 탄생시키고 발전을 거듭해 왔습니다.

기원전부터 19세기까지는 전 인류를 위협할 만큼 큰 기후 변화는 없었습니다. 화산 활동, 가뭄, 홍수, 혹한 등의 피해를 주는 일시적인 기후 변화만 존재했을 뿐이지요. 인류는 자연재해를 당할 때마다 신에 의지하고 자연에 순응하며 살았지요.

　　그러나 일시적으로 발생한 기후 변화는 인류를 전쟁터로 내모는 결과를 초래했어요. 큰 홍수나 가뭄이 들 때마다 농토가 사라지고 수만 명이 목숨을 잃었으니까요. 각 나라는 위기를 느끼고 비옥한 땅을 차지하기 위해 이웃 나라를 끊임없이 침범하는 행위를 저지르기 시작했어요. 땅따먹기 전쟁은 대부분 노예와 식량을 안전하게 확보하기 위함이었지요.

　　1815년, 동남아시아의 탐보라 화산이 대규모로 폭발하는 사건이 일어났어요. 그 영향으로 유럽 전 지역이 화산재의 그늘에 뒤덮이면서 그 해 여름이 사라지고 말았어요. 그 결과 작물이 열매를 맺지 못하여 수백만 명의 유럽인들이 굶주림에 시달리게 되었지요.

더구나 화산 폭발의 영향이 15년간이나 이어지면서 날씨를 변덕스럽게 만들었어요. 추웠다 더웠다 하는 이상 기후를 보이며 작물들을 병들게 했지요.

1400년에서 1800년 사이에는 '소빙하기'라고 불리는 이상 기후가 주기적으로 발생하여 유럽인들을 두고두고 괴롭혔습니다. 지구의 평균 기온이 1.3도나 낮아지면서 유럽인들을 공포에 떨게 했지요. 과학자들은 당시 소빙하기가 찾아온 원인은 태양의 흑점 때문이라고 보고 있어요. 태양의 흑점이 증가하여 햇빛의 온도를 떨어뜨렸다고 해석한 것이지요.

아무튼 갑작스러운 기온 변화는 가장 먼저 농작물에 큰 피해를 주었어요. 유럽인들은 심각한 식량난에 빠지게 되었지요. 유럽의 강대국들

은 먹고살 길이 순탄치 않자 미지의 대륙으로 눈을 돌리기 시작했어요. 너른 농토를 확보하기 위해 대양을 항해하며 신대륙 개척에 나선 것입니다.

역사를 바꾼 날씨

인류의 역사 중에는 예기치 못한 날씨로 한 나라의 흥망성쇠가 뒤바뀌는 일이 많았답니다.

1206년, 몽골 제국을 세운 칭기즈 칸은 주변 나라를 차례로 정복하여 거대한 영토를 차지했어요. 그 세력은 유라시아 대륙과 이슬람 제국인 서남아시아까지 뻗어 있었어요. 고려도 몽골의 지배 아래 있었지요.

몽골은 섬나라 일본을 정복하기 위해 고려를 끌어들였어요. 1274년, 칭기즈 칸의 손자인 쿠빌라이 칸이 1천여 척의 배를 몰고 일본으로 쳐들어갔지요. 여몽 연합군은 대마도와 이키섬을 점령하고 일본 본토 상륙을 준비했어요. 그런데 그때, 거대한 태풍이 불어와 여몽 연합군을 휩쓸어 버렸답니다.

　1281년, 여몽 연합군은 다시 3500척의 배를 이끌고 제2차 일본 원정에 나섰어요. 그러나 이때도 거대한 태풍이 불어와 여몽 연합군을 물귀신으로 만들어 버렸지요. 두 번의 원정 실패로 몽골 제국은 큰 타격을 받고 점점 힘을 잃게 되었어요. 결국 몽골은 1368년에 한족의 공격을 받고 멸망에 이르게 되었답니다.

당시 일본은 나라를 구해 준 태풍을 '신이 도와준 바람'이라는 뜻으로 '가미카제'라고 불렀답니다. 만약 태풍이 아니었다면 일본은 몽골의 지배를 받았을 테고, 몽골은 그처럼 빨리 망하지 않았을 거예요.

중세의 유럽에서 최대 강국은 에스파냐였어요. 에스파냐는 펠리페 2세 시대에 남미 대륙은 물론 유럽의 포르투갈과 네덜란드를 식민지로 지배했지요. 그런데 당시에는 영국이 해상권 장악을 위해 에스파냐의 보물선을 자주 약탈했어요.

화가 난 펠리페 2세는 영국을 쳐부수기 위해 무적함대를 영국으로 출동시켰지요. 1588년, 130여 척의 무적함대가 영국으로 항해했으나 바람이 복병이었어요. 맞바람이 배의 항해를 가로막은 데다 폭풍까지 불러들인 거예요. 무적함대는 간신히 폭풍을 뚫고 영국 해안에 도착했어요.

그러나 지칠 대로 지친 무적함대를 기다리고 있었던 것은 자욱한 안개였답니다. 무적함대는 안개에 갇힌 채 우왕좌왕하는 신세가 되었지요.

영국 함대는 그런 무적함대를 포위하여 독 안에 든 쥐로 만들어 놓고는 함포를 퍼부었어요. 결국 무적함대는 영국 함대와 제대로 싸워 보지도 못한 채 크게 지고 말았지요.

이 해상 전투 이후, 영국은 '해가 지지 않는 나라'가 되어 세계 최대 강국으로 올라섰어요. 반대로 에스파냐는 하루아침에 '이빨 빠진 호랑이'가 되어 가난뱅이 나라로 전락하고 말았답니다.

만약에 날씨가 좋아서 에스파냐가 영국을 물리쳤다면 어떻게 되었을까요? 아마 서양의 역사는 다시 쓰였을 거예요.

이처럼 사소한 날씨 하나로도 인류의 역사가 뒤바뀌곤 했어요. 그런데 만약 기후가 근본

그 뒤, 우린 한마디로 이빨 빠진 호랑이가 되었지….

적으로 바뀐다면 인류의 역사는 어떻게 변할까요?

더워지는 지구

인류가 지구에서 사라진다면 기후에 의하여 멸종할 확률이 가장 높습니다. 지구는 약 4만여 년 전인 신생대 4기 이후부터 빙하기와 간빙기가 교대로 일어났어요. 연구 결과 그 주기는 대략 1만~1만 5000년인 것으로 조사되었어요. 어떤 학자는 이 주기를 근거로 앞으로 1000~2000년 뒤에는 지구에 다시 빙하기가 찾아올 거라는 의견을 내놓았어요.

또 다른 학자는 빙하기가 닥치기 전에 지구가 열병에 시달려 모든 생물이 사라질 것이라고 경고했어요. 현재의 기후 상태 변화를 보면 전자보다 후자의 설득력이 높습니다. 인류는 얼어 죽기 전에 열병으로 쓰러질 위험성이 아주 높아요. 지구는 나날이 더워지고 있으니까요.

19세기 말, 산업화 시대 이전까지는 극지방과 열대 지방을 포함한 지구 전체의 평균 기온이 약 15도였습니다. 그러나 산업화 이후, 100여 년이 지난 현재까지 지구의 평균 기온은 0.74도가량 높아졌어요. 그 영향으로 지구는 이상 기후에 시달리며 몸살을 앓게 되었고요. 지구촌 곳곳에 가뭄, 폭설, 폭염, 홍수, 냉해, 산불 등의 자연재해가 시도 때도 없이 일어났으니까요. 이상 기후 현상은 1980년대부터 본격적으로 꼼

지락거리기 시작하여 여전히 진행하고 있어요.

지구의 기온이 겨우 0.74도밖에 오르지 않았는데, 지구는 왜 골병이 든 것처럼 만신창이가 되어 가는 걸까요? 여러분은 0.1도의 온도 차이가 얼마나 큰지 느끼지 못할 거예요. 하지만 지구 전체로 보았을 때 0.1도의 온도 차이는 물이 얼고 녹음의 차이만큼이나 큽니다.

0도는 물이 어는점으로 '빙점'이라고도 합니다. 빙점에서 0.1도가 상승하면 가장 차가운 물이 되고 반대로 0.1도가 내려가면 살얼음이 끼지요. 따라서 0.1도는 얼음을 녹일 수 있느냐, 마느냐의 차이와 같아요. 그런데 지구의 기온이 0.74도나 올라갔으니 어떻겠어요? 이 증세는 마치 사람이 심한 열병을 앓고 드러누운 것이나 다름없어요.

지구가 기후 변화로 견딜 수 있는 한계는 100년에 1도라고 해요. 단 1도의 변화로 지구 생물이 모두 멸종할 수도 있는 거예요.

지난 1000년 동안 20세기는 가장 더운 시기였고, 그 가운데 지난 50년 동안은 지구의 기온이 가장 빠르게 상승한 것으로 기록되었어요. 현재 0.74도의 기온 상승은 1도를

향해 달음박질치고 있어요. 도대체 지구는 왜 이렇게 달아오르게 된 것일까요?

8 심해지는 온실 효과

지구가 1년 동안 받는 태양 에너지는 석유 1000조 배럴과 맞먹습니다. 현재 생산되는 석유의 양은 1000조 배럴이 될까 말까 하지요. 앞으로 뽑아 쓸 수 있는 석유의 양도 약 1조 8000억 배럴밖에 남아 있지 않다고 해요. 석유는 유한 에너지로 인류와 작별할 시간이 얼마 남지

않은 거예요. 자료에 따라 조금씩 다르기는 하지만 30~40년 뒤에는 완전히 바닥을 드러내어 에너지 세계에서 은퇴할 예정이지요.

이에 비하면 태양은 우리의 생명을 보장해 주는 무한 에너지입니다.

돈으로 바꿀 수 없는 가치를 무한정 공짜로 제공해 주고 있잖아요. 누가 뭐래도 태양은 인류를 위해 탄생한 위대한 에너지임이 분명합니다. 여태껏 봉사 활동을 멈추어 인류를 실망시키거나 배신한 적이 단 한 번도 없으니까요.

그런데 고마운 태양이라도 지구에 대기가 없으면 우리는 태양의 도움을 전혀 받을 수 없어요. 지구의 대기는 질소 78%, 산소 21%, 그 밖의 1%의 가스로 채워져 있어요. 이 대기의 기체들이 태양열을 가두어 주는 자연적인 온실 효과 역할을 맡고 있어요.

온실 효과는 비닐하우스의 원리와 같습니다. 빛은 비닐하우스를 쉽게 통과하지만 들어온 양만큼 빠져나가지 못해요. 그래서 남아 있는 빛은 열에너지로 바뀌어 공기를 훈훈하게 데워 주지요. 지구의 대기도 마찬가지랍니다.

햇빛이 지구의 표면에 닿으면 조금만 흡수되고 대부분은 튕겨 공중으로 날아가 버려요. 이때 도망치던 빛의 10%는 대기의 가스층에 부딪혀 지구에 갇히고, 나머지 90%는 우주로의 탈출에 성공하게 됩니다. 그런데 대기 안에 갇힌 이 10%의 빛이 온실 효과를 일으켜 지구의 온도를 33도나 오르게 도와주지요. 33도의 온도는 지구 전체에 골고루 퍼져 평균 기온 15도를 유지해 주고요.

만약에 지구에 대기가 없으면 어떻게 될까요? 지구 표면에서 반사된 햇빛은 남김없이 우주 밖으로 빠져나가 버리겠지요. 그러면 지구는 꽁꽁 얼어붙어 평균 기온이 영하 18~20도까지 떨어진답니다. 이 온도에서는 어떠한 식물도 자랄 수 없어요. 아마 온실 효과가 없었다면 지구는 생명체가 없는 별이 되었을 거예요.

아, 온실 효과 덕분에 지구에 생명체가 살 수 있는 거구나.

소중하고 위험한 이산화탄소

지구의 기온이 과거보다 0.74도나 올라가게 된 것은 1%밖에 안 되는 온실가스의 농도가 짙어졌기 때문이에요. 온실가스는 이산화탄소 55%, 메탄 15%, 프레온 가스류 17% 그리고 기타 질소 산화물의 성분으로 이루어져 있습니다.

이 중에 온실 효과를 부채질하는 것은 이산화탄소예요. 이산화탄소는 생물이 살아가는 데 꼭 필요한 요소 중 하나입니다. 그러나 그 양이 급속히 증가하면서 기후에 직접적인 영향을 끼치게 되었어요.

화산 활동과 산불 등에 의한 자연적인 이산화탄소 배출량은 20%밖에 안 됩니다. 그런데 인간이 산업 활동을 하면서 배출하는 이산화탄소의 양은 무려 80%나 되지요. 그 양은 1990년대까지 60억 톤이었으나 지금은 720억 톤까지 치솟았어요. 이산화탄소의 양이 현재보다 두 배로 증가하면 기온이 3~6도쯤 높아진다고 합니다. 현 상태로 내버려 두면 2080년에는 이산화탄소의 양이 두 배로 증가할 것이라는 계산이 나왔어요. 지구가 찜통으로 변할 날이 머지않은 것이죠.

이산화탄소는 영구적인 기체로 한번 쌓이면 사라지지 않습니다. 고고학에서는 유물이나 유적이 발굴되면 '방사성 탄소 연대 측정법'을 이용합니다. 유물이나 유적에 흡수된 이산화탄소를 방사선으로 측정하여 나이를 알아내는 방법이지요. 이렇듯이 이산화탄소는 살아 있는

'화석 기체'로 오랜 세월이 지나도 그 흔적이 지워지지 않아요.

자연 상태에서 나무들은 이산화탄소를 빨아들여 에너지로 사용합니다. 바다는 나무보다 50배나 더 많은 이산화탄소를 흡수하지요. 하지만 자연적으로 이산화탄소가 제거되는 양은 한계가 있답니다.

우리는 밥을 먹다가 배가 부르면 알아서 수저를 내려놓아요. 자연환경도 이산화탄소로 배가 차면 더는 빨아들이지 않지요. 남아도는 이산화탄소는 수증기를 타고 대기로 퍼진 채 계속 쌓일 수밖에 없지요. 그러니 지구가 후끈 달아오르지 않을 수 있겠어요?

오존층의 파괴

지구의 성층권에는 얇은 막인 오존층이 있습니다. 이 오존층은 태양의 자외선을 걸러 주는 크나큰 임무를 맡고 있어요. 자외선은 피부암을 비롯하여 각종 질병을 일으키고, 식물을 타 죽게 만들거나 유전자 변이를 일으키는 무서운 광선입니다.

또한 바다의 플랑크톤을 죽여서 기초 생태계를 파괴하지요. 오존층은 지구의 생명체를 보호하는 안전장치인 것입니다.

2002년 10월, 칠레의 푼다 지역에서는 오존 주의보로 사람들이 집 안에 갇히는 일이 발생했어요. 오존층이 남극 하늘에서 미국의 세 배가 넘는 크기만큼 구멍이 뚫렸기 때문입니다. 이때 멋모르고 돌아다니다가 자외선을 쬔 사람들은 살갗에 화상을 입었다고 해요.

오존층에 구멍이 뚫린 것은 프레온, 염소, 브로민 등의 온실가스 때문이에요. 이 가스들은 냉장고, 에어컨, 스프레이 등을 사용할 때 뿜어져 나옵니다. 평상시에는 이 가스들은 간접적으로 자외선을 막아 주는

좋은 역할을 해요. 그러나 그 양이 증가하면서 오히려 멀쩡한 오존층까지 파괴하는 못된 짓을 하게 되었지요.

　이 가스들은 열이 많고 가벼워서 스스로 연쇄 반응을 일으켜 오존층을 갉아먹습니다. 게다가 이산화탄소를 억제하는 데 결정적인 훼방을 놓는다고 해요. 이 불순 가스층이 두꺼워질수록 오존층은 더욱 파괴되고, 지구 온난화의 속도도 빨라지겠지요.

# 9 코앞에 닥친 이상 기후 현상

엘니뇨와 라니냐

온난화가 진행되면서 바다의 수온이 올라가거나 내려가는 현상이 나타났습니다. 엘니뇨는 해수면이 평년보다 따뜻해지는 현상이에요. 반대로 라니냐는 해수면이 차가워지는 현상이지요.

해수면의 온도 변화는 지구 곳곳에서 이상 기후가 일어나는 원인이 되고 있어요. 바닷물이 갑자기 4~7도나 오르거나 내려가면 기압과 바람의 평형이 깨지면서 이상 기후 현상이 속출하게 되지요. 가령, 맑아야 할 지역에서 홍수가 일어나고 비가 와야 할 지역은 극심한 가뭄으로 큰 피해를 보게 되지요. 차고 더운 극과 극의 이상 기후는 청개구리처럼 활동하며 수개월 간 이어지는 특징이 있답니다.

특히 엘니뇨에 의한 기상 피해는 심각한 수준에 와 있어요. 그래서 사람들은 처음에 '아기 예수'라고 불렀던 엘니뇨를 지금은 '악마의 자식'이라고 부르고 있어요.

빙하가 녹아내려요

빙하 시대의 지구는 육지가 1킬로미터 두께의 얼음으로 꽁꽁 얼어붙어 있었어요. 해수면은 현재보다 60~100미터 정도 낮았지요. 간빙기가 되면서 육지의 얼음이 녹아내려 해수면이 지금의 수준으로 높아진 거예요.

지구는 빙하 시대 이후 남극과 북극 그리고 만년설의 빙하를 남겨 두었어요. 빙하는 육지 면적의 약 10%를 차지하는데, 그중에 남극이 88%, 북극이 10%, 나머지는 만년설이지요.

그런데 지구 온난화로 남극은 과거보다 2.5도 정도 기온이 상승했어요. 그 바람에 해안가의 빙하가 소리 없이 사라지고 있어요. 지난 30년 동안 남극의 빙하가 40%나 감쪽같이 자취를 감추었다고 합니다.

북극의 그린란드는 남동쪽의 빙하가 해마다 1미터씩 녹아내리고 있어요. 2006년, 북극의 여름 최고 온도는 무려 22도까지 치솟기도 했어요. 북극이 여름마다 높은 기온과 씨름하게 되면 2030년쯤에는 모두 녹아 버릴 거예요.

현재 알프스산맥의 만년설은 이미 20%가 넘게 사라졌습니다. 히말라야산맥의 만년설도 빠르게 녹아 흘러 곳곳에 거대한 호수가 만들어지고 있어요.

빙하는 지구의 온도 균형을 맞추는 기능을 하고 있어요. 그런데 이 빙하들이 서서히 녹아내리며 재앙을 예고하고 있답니다. 어떤 문제를 일으키는지 한번 볼까요?

해수면이 올라가요

빙하가 녹으면 해수면이 상승하여 저지대에 사는 사람들이 큰 피해를 보게 됩니다. 지난 100여 년 동안 해수면은 10~20센티미터 상승했어요. 바닷물의 증가는 열대성 저기압의 발생을 더욱 증가시켜 폭풍과 홍수가 일어나는 원인이 되지요. 실제로 그러한 일들이 일어나고 있어요.

남태평양의 투발루는 산호초로 둘러싸인 아름다운 섬입니다. 그런데 해수면이 높아지면서 섬 전체가 과거보다 1미터나 가라앉았어요. 투발루는 모래섬인데다 최고 해발 고도가 4.5미터밖에 되지 않아요. 그래서 해안이 1미터나 잠긴 것은 엄청난 재앙이에요. 더구나 때아닌 폭풍

이 수시로 불어와 주민들은 공포에 떨고 있답니다. 현재의 상태로 해수면이 조금씩 높아지면 투발루는 50년 뒤면 완전히 물속으로 가라앉게 된다고 해요.

방글라데시는 '인도의 눈물'이라고 불리는 나라입니다. 불행히도 이 나라는 사이클론이 지나다니는 길목에 있어요. 그래서 늘 크고 작은 홍수 피해를 보고 있어요.

사이클론이 이 나라를 덮칠 때마다 수십만 명의 이재민이 생겨나요. 폭풍은 해안을 강타하여 농경지를 침식하고요. 그 바람에 국토가 자꾸 손실되어 나라 땅이 줄어들고 있습니다. 방글라데시 역시 이 상태로 간다면 약 80년 뒤에는 국토의 40%가 물에 잠길 거라고 해요. 그런데 방글라데시인들은 낙천적인 성격 때문에

아마 여러분이 사는 도시도 곧 물에 잠기고 말 거예요.

세계에서 '행복 지수'가 제일 높다고 하네요.

과학자들은 지구의 빙하가 모두 녹으면 해수면이 60미터쯤 상승할 것으로 내다보고 있어요. 북극의 빙하만 모두 녹았을 때는 해수면이 7미터쯤 오르고요. 남극의 서쪽 빙벽만 녹아내려도 해수면이 1미터나 상승하고, 육지의 3%가 물에 잠긴다고 합니다. 만약에 지구의 빙하가 모두 녹아내린다면 세계의 도시는 거의 물속에 잠기고 말 거예요.

무서운 지진 해일, 쓰나미

빙하가 녹아내리는 것은 또 다른 지각 변동을 예고하고 있습니다. 2004년에 인도네시아의 수마트라 해역에서는 엄청난 사건이 일어났어요. 느닷없이 '쓰나미'가 들이닥친 것입니다. 쓰나미는 바닷속에서 판이 다른 지각이 어긋나며 발생하는 지진 해일입니다. 지각의 한쪽 판이 갑자기 꺼지면 바닷물도 따라 가라앉으며 높은 해일이 일어나지요. 이 쓰나미는 수십만 명의 목숨을 빼앗고 잠잠해졌지요.

쓰나미는 일반 해일과 달리 큰 너울이 꼬리를 물고 이동하는 특징이 있어요. 그래서 해일이 파도처럼 쉴 새 없이 해안으로 들이닥치기 때문에 큰 피해를 보게 되지요.

과학자들은 빙하가 줄어들수록 쓰나미가 발생할 가능성이 크다고 진단했어요. 왜 그럴까요? 평소에 육지는 빙하의 무게에 의해 짓눌려

있습니다. 그런데 빙하가 계속 줄어들면 지각 판이 가벼워져서 들뜨게 되지요. 이것이 원인이 되어 지진이 발생하는 거라고 합니다. 빙하기에서 간빙기로 이어질 때도 빙하가 녹으며 큰 지진이 자주 일어났다고 해요.

10 징글징글한 자연재해

이상 기후는 불난 집에 부채질하는 격이에요. 비를 뿌릴 때는 정신없이 퍼붓고, 메마르게 할 때는 한없이 뜨거운 공기를 공급해 주지요.

해마다 열대성 저기압의 영향을 받는 나라들은 골머리를 앓습니다. 1998년, 온두라스는 허리케인의 물 폭탄을 맞고 나라가 절단 날 지경에 이르렀어요. 한 해 동안 벌어들인 나랏돈의 60%를 단 이틀 만에 까먹는 엄청난 피해를 본 것입니다.

미국은 2005년에 허리케인 카트리나의 물세례를 받고 뉴올리언스가 반 잠수함으로 변했지요. 그 피해액만도 수십조 원이나 되었어요.

73

아시아 지역은 태풍과 사이클론이 단골처럼 찾아오는 곳입니다. 여름만 되면 이 극성스러운 손님들이 방문하여 강을 넘치게 하고 수많은 이재민을 만들어내지요.

지난 30년 동안 아시아 지역에서 목숨을 잃은 사람 가운데 96%가 자연재해로 세상을 떠났다고 해요. 우리나라는 자연재해 중에서 90% 이상이 태풍으로 인한 피해랍니다. 유럽도 때아닌 홍수로 자주 피해를 보고 있어요. 유럽을 물바다로 만든 10개의 큰 홍수 중에서 9개가 지난 20년 사이에 일어났으니까요. 이와 반대로 가뭄과 폭염으로 피해를 보는 지역도 늘어나고 있어요. 내몽골 지역은 비가 거의 오지 않아 유목민들이 생계를 위협받고 있어요. 건조한 모래바람은 비를 불러들이지 못한 채 오히려 주변을 사막화하고 있답니다. 바람에 날린 모래는 하룻밤 사이에

200~400미터까지 날아가 언덕처럼 쌓일 정도니까요.

몽골의 울란 호수는 여의도 면적보다 12배나 큰 호수였어요. 그런데 오랜 가뭄으로 호수가 빠르게 증발하여 2000년에 완전히 말라 버렸어요. 가축들은 물과 목초지를 얻지 못하여 떼죽음을 당하고, 유목민들은 고향을 버리고 떠나야 할 위기에 놓였지요.

몽골의 울란 호수는 완전히 말라 버렸어요.

가축들도 떼죽음을 당해 고향을 버리고 떠나야 했어.

극심한 가뭄은 비가 자주 내리는 열대 지방도 서슴없이 공격합니다. 인도네시아는 번번이 찾아오는 가뭄으로 울창한 원시림이 불타는 곤욕을 치렀어요. 큰불이 날 때마다 연기가 주변 나라들까지 퍼져 난리가 났지요. 싱가포르와 말레이시아 사람들까지 한동안 마스크를 쓰고 다닐 정도였으니까요. 최근에는 그리스와 미국이 극심한 가뭄으로 큰 산불에 휩싸여 온 나라가 악몽에 시달렸지요.

　유럽 전역은 여름마다 폭염이 기승을 부리는 바람에 몸살을 앓고 있습니다. 40도가 웃도는 열대야로 2003년 이후, 약 10만여 명이 목숨을 잃었어요. 그 기세는 지금도 꺾이지 않아 유럽인들은 폭염을 저승사자로 여길 정도랍니다.

　폭염은 우리 몸보다 온도가 높아서 생체 리듬을 망가뜨리는 역할을 하지요. 40도가 넘는 온도는 우리가 사우나탕에 들어가서 땀을 뻘뻘 흘리는 것과 같아요. 그래서 기온이 우리 몸보다 높아지면 생체의 균형

내 생애에 이런 더위는 첨이야. 내 친구들을 폭염으로 모두 잃었어.

을 유지하기가 어려워진답니다. 노인들이 폭염으로 많이 사망하는 이유도 그 때문이에요.

장기적으로 지구가 열병에 시달려 끙끙거리면 지구에 달라붙어 기생하는 인류는 더 큰 시련을 겪어야 합니다. 과학자들은 인류에게 일어날 수 있는 재앙을 다음과 같이 예고하고 있어요.

1도 올랐을 때

안데스산맥의 만년설이 녹아내려 식수가 바닥나요. 그 결과 5000만 명이 물 부족으로 생명의 위협을 받습니다. 일부 지역은 모기떼가 극성을 부려 30만 명 이상이 말라리아와 각종 질병에 걸려 목숨을 잃어요.

2도 올랐을 때

해안가의 저지대에 사는 1000만 명의 주민들이 홍수 피해를 입습니다. 약 5000만 명의 아프리카 원주민들이 말라리아에 감염될 수 있고요. 동식물의 15~40%가 멸종하고 열대 농작물의 생산량이 크게 줄어듭니다.

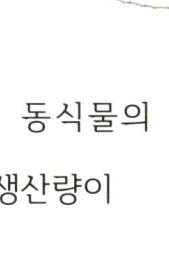

3도 올랐을 때

아마존의 열대 우림이 파괴되고, 남부 유럽은 10년마다 극심한 가뭄에 시달리게 됩니다. 농작물이 말라 죽어 1억 5000만~5억 5000만 명

의 인구가 식량을 구하지 못해 위험해지지요. 20~50%의 생물 종이 멸종에 이를 수 있어요.

4도 올랐을 때

홍수가 빈번하게 일어나 700만~3억 명의 인구가 재해를 입어요. 북극의 툰드라 지역은 절반 이상이 사라집니다.

5도 올랐을 때

히말라야산맥의 빙하가 녹아 내려 중국과 인도의 식수원이 말라 버립니다. 이로 인해 3억의 중국 인구와 수억 명의 인도 인구가 물 부족으로

생명의 위협을 받지요. 바다는 산성화되어 물속의 생태계가 급속히 무너질 수 있어요.

6도 올랐을 때

지구 생물의 95%가 멸종합니다.

11 땀나는 한반도

　우리나라는 예부터 남부럽지 않은 기후의 영향을 받아왔습니다. 우리 조상들은 사계절의 기후를 골고루 체험하며 한 해를 설계해 왔어요. 특히 겨울은 '삼한사온'이라 하여 3일은 춥고, 4일은 따뜻한 날씨를 자랑했지요.

　우리 조상들은 1년 열두 달을 24절기로 나누어 농사 달력으로 이용해 왔어요. 가령 입춘은 봄이 오는 시기, 하지는 해가 가장 긴 시기, 동지는 해가 제일 짧은 시기 등으로 나누어 구분했지요.

　이 절기는 음력으로 날짜를 정해 놓은 것인데, 기후와 농사짓는 시기가 딱딱 맞았어요. 그래서 우리 조상들은 기후 달력만 보고도 언제, 무슨 농사를 지어야 하는지 알 수 있었답니다.

현대의 농부들도 24절기를 참고하여 농사를 짓고 있어요. 하지만 예전처럼 기후와 농사 시기가 정확하게 들어맞지 않아 문제가 되고 있어요. 예를 들면, 모내기 철에는 북쪽 지방이 남쪽 지방보다 모를 일찍 심습니다. 북쪽은 남쪽보다 기온이 낮아서 보름 정도 먼저 모를 심어야 제때 벼를 수확할 수 있었지요. 그런데 요즘은 북쪽 지방은 모내기가 열흘 정도 당겨지고 남쪽 지방은 더 늦어졌어요. 한반도 역시 온난화의 영향에서 자유롭지 못한 것이지요.

사계절이 위험해졌어요

우리나라는 이미 봄과 여름의 문턱이 사라진 지 오래됐어요. 5월만 되어도 초여름의 날씨가 기승을 부리지요. 겨울은 '삼한사온'이라는 낱

말이 무색해지고 따뜻한 날이 한 달가량 늘어나 버렸어요. 과거(1908~1937년)에는 겨울 중에 가장 춥다는 대한의 평균 기온이 영하 9.8도였어요. 그러나 그 이후부터 현재까지 대한의 평균 기온이 영하 6.4도로 알게 모르게 3.4도나 높아졌지요. 기온 상승이 봄여름을 늘어나게 하고 겨울을 줄어들게 만들어 버린 거예요.

현 상태라면 앞으로 우리나라는 2100년쯤에는 평균 기온이 3도나 오를 거라고 해요. 0.74도의 기온 상승이 지구 온난화를 불러들였는데, 3도나 상승하면 어떻게 되겠어요?

그동안 우리나라는 지난 100여 년 동안 평균 기온이 0.6~2.5도쯤 상승했다고 해요. 불과 20년 전까지만 해도 여름의 평균 기온이 25도 안팎이었고, 30도가 넘는 날은 며칠밖에 되지 않았어요. 그런데 1990년대부터 기온이 상승하여 30도가 넘는 날이 20일가량으로 늘어나 버렸어요.

우리나라에서 가장 더운 지역인 대구는 과거에 30도가 넘는 날이 한 달 정도였어요. 그러나 지금은 30도를 넘는 날이 두 달 반으로 껑충 뛰어 버렸지요. 앞으로는 여름마다 40도를 오르락내리락하는 날씨가 끝없이 이어질지도 몰라요.

앞으로 40도가 넘는 날이 점점 많아질 거야.

급속한 기후 변화는 무엇을 예고하는 것일까요? 우선 우리나라가 머지않아 사계절을 도둑맞을 거라는 걸 예측할 수 있어요. 벌써 아열대 기후 증상이 곳곳에서 나타나고 있답니다.

늘푸른나무들이 줄어들고 있어요

우리나라는 전국적으로 침엽수와 활엽수들이 고루 분포되어 있습니다. 중부 지방을 기준으로 북쪽은 침엽수가 많이 자라고 남쪽은 활엽수들이 많은 편이지요. 그런데 날이 따뜻해지면서 북쪽의 식생에 변화가 일기 시작했어요. 추위에 강한 전나무가 줄어드는 반면에 뽕나무 등의 활엽수들이 부쩍 늘어나기 시작한 거예요.

강원도의 강릉 지방은 1990년대 이후 평균 기온이 0.4도가 높아졌다고 합니다. 현재의 추세대로 기온이 자꾸 올라가면 침엽수는 설자리를 점점 더 빼앗기게 되겠지요. 빠른 식생의 변화는 생태계와 산림에도 큰 피해를 줄 수 있어요. 먹이 문제로 초식 곤충이 사라지고 산불이 일어날 위험이 커지게 되니까요.

집중 호우가 많아졌어요

온난화 이후, 열대성 저기압은 더 자주 발생하면서 크기도 더 커졌어요. 무더워진 날씨는 우리나라에 집중 호우를 자주 몰고 옵니다. 산사태와 침수 지역을 넓히며 큰 피해를 주고 있지요. 게릴라성 폭우는 한 지역을 집중적으로 공격하여 쑥대밭을 만들어 놓곤 하지요. 시간당

20밀리미터가 넘는 빗줄기들이 농경지와 마을을 집어삼키고 있어요.

우리나라의 연평균 강수량은 지역에 따라 1000~1800밀리미터쯤 됩니다. 이 중에 50%가 여름에 쏟아지지요. 집중 호우가 심할 때는 하룻밤에 200~500밀리미터 이상 퍼붓기도 해요. 기록적인 폭우는 태풍 때 자주 일어나지요.

우리나라는 30년 전까지만 해도 집중 호우로 피해를 보는 산림이 한 해에 250헥타르 정도였어요. 그런데 10년 전부터 산사태로 무너지는 산림이 3000헥타르가 넘고 있어요. 과거보다 10배가 넘는 산림이 집중 호우로 사라진다는 것이지요. 온난화 이후, 집중 호우가 우리나라를 얼마나 괴롭혔는지 잘 알겠지요?

바다의 수온이 올라갔어요

해마다 우리나라의 바다에는 적조가 발생하여 양식장에 큰 피해를 주고 있습니다. 적조는 플랑크톤이 붉은색을 띠면서 바다 표면을 붉게 물들이는 현상이에요. 바다의 수온이 높아지고 물이 오염되면 적조는 빠른 속도로 번져 나가지요.

일단 적조가 발생하면 플랑크톤이 물속의 산소를 모두 빼앗아 먹기 때문에 물고기들은 산소 부족으로 죽게 돼요. 적조로 어장이 황폐해지면 어민들은 물고기를 잡을 수 없답니다.

우리나라의 동해는 한류가 흘러서 명태가 살기에 알맞은 어장이었어요. 어부들이 그물을 내리기가 무섭게 많은 명태가 잡혔지요. 그런데 요즘은 동해의 수온이 높아지면서 어부들은 빈 그물을 끌어 올릴 때가 많아요. 명태가 더 차가운 북쪽으로 이동하여 내려오지 않기 때문이지요.

명태가 떠난 자리에는 난류성 물고기들이 돌아다니고 있어요. 자리돔은 남해안에서만 살던 물고기인데 지금은 울릉도까지 진출하여 살고 있어요. 또한 아열대의 난류에 살던 해파리들까지 이사 와서 극성을 부리고 있지요. 우리나라의 바다는 30년 사이에 평균 수온이 1도나 상승했답니다.

12 온난화의 주범

화석 에너지를 줄여라

누가 뭐래도 온난화의 주범은 인간입니다. 이상 기후는 인간에게 그 죗값을 물어 벌을 내리고 있어요.

산업 활동에서 이산화탄소를 가장 많이 배출하는 것은 화석 연료입니다. 즉 석탄, 석유, 가스가 그 주인공이지요.

화력 발전소는 전기를 생산하기 위해 어마어마한 양의 화석 연료를 먹어치우고 있어요. 자동차도 화석 연료를 먹지 않고서는 한 걸음도 뗄 수 없고요. 공장이나 가정도 화석 연료가 없으면 하루도 편히 살 수 없지요.

지구 전체에서 화석 연료가 배출하는 이산화탄소의 양은 거의 50%가 넘습니다. 지금까지 누적된 화석 연료의 사용이 대기의 공기를 후끈하게 데워 주고 있는 거예요.

현재는 화석 연료의 사용을 최대한 줄이는 게 과제입니다. 그런데 이 골칫거리를 퇴치하는 일이 만만치 않아요. 인간은 그동안 화석 연료를 자식처럼 끌어안고 살아왔기 때문에 하루아침에 걷어찰 수 없어요. 화석 연료는 적은 연료로 큰 힘을 발휘하는 능력을 가지고 있으니까요.

지금으로서는 이 골칫거리를 대체할 만한 에너지를 구할 수가 없는 것이 큰 문제랍니다. 우리가 새로운 무공해 에너지를 얻기 전까지는 화석 연료를 끌어안고 있어야 하지요.

그러나 지구 온난화를 막기 위해서는 화석 연료와 적당히 거리를 둘 필요가 있어요. 어떻게 거리를 두면 되는지 알아볼까요?

자동차 타기를 줄입시다. 지하철이나 버스를 이용하면 불필요한 배기가스를 줄일 수 있어요. 자동차가 꼭 필요한 사람들은 소형차로 바꾸

도록 해요.

집 안을 비울 때는 보일러를 끕시다. 난방용 기구는 당장 필요할 때만 사용하도록 하세요. 전깃불은 방이나 화장실을 들락거릴 때 껐는지 꼭 확인하는 습관을 길러요. 사소한 에너지 사용을 줄이기만 해도 온난화를 막는 데 엄청난 도움이 된답니다.

메탄을 줄여라

온실가스로 분류되는 메탄은 온난화를 발생시키는 데 15~20%를 차지합니다. 메탄은 주로 자연 발효 과정에서 배출됩니다. 각지에 널려 있는 쓰레기 매립장과 가축의 배설물에서 내뿜어 대지요. 이 역시도 인간의 산업 활동으로 빚어진 결과예요. 사람들이 버리는 쓰레기가 날로 늘어나면서 매립지도 덩달아 늘게 되었어요. 또한 고기를 얻기 위하여 수많은 가축을 기르다 보니 그만큼 배설물도 늘어나게 되었고요. 메탄을 어떻게 퇴치해야 할지 눈치채셨나요?

　쓰레기의 양을 줄입시다. 메탄은 쓰레기의 양과 비례하여 증가합니다. 쓰레기를 버릴 때는 반드시 분리수거하여 재활용할 수 있도록 힘써 주세요.

　육류의 소비를 줄이고 채소를 많이 먹읍시다. 고기를 많이 소비하는 만큼 가축도 많이 길러야 할 테니까요. 채소를 많이 먹으면 건강에도 좋아요.

숲을 사랑하자

해마다 1%의 숲이 지구에서 사라지고 있습니다. 무분별한 산림 파괴는 지난 40년 동안 이산화탄소를 15%나 증가시키는 원인이 되었어요. 나무는 대기의 이산화탄소를 잡아먹는 역할을 하고 있어요. 그런데 울창한 산림이 산불과 무분별한 벌목으로 민둥산이 되는 바람에 그 기능마저 약해졌지요.

산림 파괴는 주로 동남아시아와 아마존 지역의 열대 우림에서 일어나고 있습니다. 원주민들이 밭을 만들려고 일부러 불을 질러 산림을 태워 버리지요. 이러한 농사법을 '화전'이라고 해요.

화전으로 개간한 땅은 대략 2년 정도 농사를 지을 수 있어요. 하지만 3년째부터는 땅속의 영양분이 부족해져 농작물이 제대로 자라지 못하지요. 그래서 원주민들은 새로운 숲에 불을 질러서 또 다른 화전을 일구게 됩니다. 그런 식으로 야금야금 사라진 나무들이 파괴된 숲의 70%나 되지요. 나머지 30%의 숲은 인간들이 목재를 베어내면서 사라졌고요.

이 문제는 개개인이 해결할 수 없고 전 세계의 모든 나라가 힘을 합해야 해요. 열대 우림은 지구의 산소 공장입니다. 모든 나라가 그 숲을 보호하고 지켜야 지구의 산소를 맑게 할 수 있어요. 여러분도 그런 마음을 가지고 주위에 있는 숲을 돌보아 주세요.

화학 비료를 덜 사용하자

화학 비료와 농약의 사용도 무시하지 못한답니다. 농부들은 농작물을 살찌우고 해충을 제거하기 위해 화학 비료와 농약을 뿌리지요. 문제는 경작지의 면적보다 이산화탄소의 배출량이 지나치게 높다는 것입니다. 15%나 되는 이산화탄소가 농업에서 사용하는 화학 물질에 의해 생산되고 있으니까요.

농부들이 솔선수범해서 화학 비료와 농약의 사용을 줄여야 합니다. 화학 물질은 우리에게 직·간접적으로 피해를 주고 있어요. 여러분 주위에 농부들이 있거나 부모님이 농사를 지으면 자연 농법을 추천해 주세요.

# 13 도마 위에 오른 화석 연료

산업화 이전 시대의 연료는 대부분 나무가 에너지원이었어요. 사람들은 장작을 불쏘시개로 이용하며 난방을 했지요. 그 시대에는 나무가 타서 아무리 연기를 내뿜어도 온실가스의 피해를 보지 않았어요.

장작에서 석탄으로 교체되는 과정에서 온실가스가 증가하기 시작했고, 다시 석유가 등장하면서 이산화탄소의 양이 급속히 쌓이게 된 거예요. 그 뒤 석탄과 석유는 산업의 밑거름이 되어 100년 이상을 불타올랐어요.

이산화탄소의 배출량은 화석 연료의 사용량과 비례합니다. 세계에서 이산화탄소를 가장 많이 배출하는 나라는 단연 미국이에요. 미국은 세계 화석 연료의 4분의 1을 사용하고 있으므로 이산화탄소의 배출량도 25%나 되지요.

우리나라는 세계에서 이산화탄소를 많이 배출하는 나라로 손꼽혀요. 더 큰 문제는 이산화탄소의 증가 속도가 세계에서 가장 빠르다는 것이지요.

 각 나라는 환경 변화에 위기의식을 느끼고 화석 연료를 주목했어요. 화석 연료가 지구 온난화를 앞당기는 데 가장 큰 비중을 차지하고 있으니까요.

 미국, 일본, 오스트레일리아, 유럽 연합은 한자리에 모여 화석 연료의 사용을 줄이자는데 의견을 모았어요. 이를 토대로 기후 변화에 대한 온실가스 감축 협상 내용을 다룬 교토 의정서가 발효되었어요. 주요 내용은 이산화탄소와 온실가스 배출량을 1990년도 수준보다 5.2% 끌어내리기로 합의한 것입니다. 먼저 38개 선진국이 의무적으로 이 약속을 지키기로 했지요.

우리나라와 멕시코 등은 개발도상국으로 분류되어 의무국에서 제외되었어요. 그러나 우리나라는 손꼽힐 정도로 이산화탄소를 많이 배출하고, 그 증가량도 높아요. 그래서 곧 온실가스 감축 의무국이 될 확률이 높습니다. 개발도상국으로 분류된 다른 나라들도 마찬가지예요.

세계의 굴뚝인 중국과 인도 등은 땅덩어리가 큰 만큼 많은 양의 온실가스를 배출하고 있어요. 비록 의무국에서 제외된 나라들이라고 해도 자발적으로 온실가스를 줄이는 데에 앞장설 필요가 있답니다.

과학자들은 온실가스를 현재보다 50~60% 정도 줄여야 실제로 온난화 방지 효과를 볼 수 있을 것으로 판단하고 있어요. 그러나 선진국들은 온실가스를 5.2% 감축하는 것조차 부담스러워하고 있습니다.

온실가스를 낮추기 위해서는 제일 먼저 화석 연료의 사용을 줄여야

하는데, 화석 연료를 대체할 만한 에너지가 부족하기 때문이지요. 또한 큰 비용을 들여서 대체 에너지를 개발하더라도 경제적인 효과가 적어서 주저하는 거예요.

미국은 이러한 부담을 가장 크게 느끼고 2001년에 온실가스 감축 협상에서 아예 발을 빼 버렸어요. 미국이 온실가스를 감축하기 위해서는 천문학적인 환경 정화 부담금을 치러야 합니다. 온실가스를 가장 많이 배출하는 미국으로서는 그 방법은 국익에 전혀 도움이 되지 않는다고 계산한 거지요.

미국은 세계 최대의 석유 기업을 여러 개 거느리고 있는 나라입니다. 지구에서 석유가 생산되는 한 그 기업들은 어마어마한 돈을 긁어모을 수 있지요. 가만히 앉아서 석유만 팔아도 만년 부자의 조건

을 보장받을 수 있는 거예요. 그런데 스스로 자국의 밥그릇마저 차 버리고 막대한 돈을 쓰려고 하겠어요?

미국이 책임을 회피한 채 눈앞의 이익만 좇자 다른 나라들도 꾀를

부리게 되었어요. 온실가스 감축이란 의무를 지게 된 나라들이 그 약속을 지키려고 하지 않았지요. 이 핑계 저 핑계를 대며 자국의 온실가스 감축 비율을 낮추려는 데만 신경 썼습니다. 하지만 러시아의 강력한 의지가 뒷받침되어 교토 의정서가 힘을 발휘하게 되었어요.

  이제 각 나라는 목표량에 맞추어 각종 온실가스를 감축하는 일만 남았습니다. 그러나 그 실천이 제대로 지켜질지는 아직 미지수예요.

14 대체 에너지와 환경

지구 온난화는 하루 이틀 사이에 일어난 것이 아닙니다. 기후는 올바른 심판관으로 환경이 어수선해질 때마다 끊임없이 경고를 보냈어요. 인간은 뒤늦게 환경의 중요성을 깨닫고 뒤처리에 매달리는 신세가 되었지요.

이제 환경 문제는 선택이 아니라 필수 조건이 되었습니다. 누구라도 환경을 무시하고서는 미래로 한 발자국도 다가설 수 없게 된 것이지요.

에너지는 환경과 더불어 미래를 열어 가는 데 너무나 중요한 부분을 차지하고 있습니다. 지금은 화석 연료의 공백을 채워 줄 에너지가 절실하게 요구되는 상황이에요.

세상에서 가장 좋은 에너지는 무공해인 태양입니다. 태양은 석유보다 천 배 이상의 열효율을 낼 뿐 아니라 무한대로 쓸 수 있어요. 그런데도 우리는 태양열을 단 0.2% 정도도 이용하지

못하고 있답니다. 기술적으로 태양열을 가두어 효율을 높이는 방법을 개발하지 못했기 때문이지요.

현재 지구촌 곳곳에서는 다양한 무공해 에너지를 이용하거나 개발하고 있어요. 우리나라의 무공해 에너지 개발 상황은 어떤지 살펴볼까요?

풍력 발전

바람을 이용하여 전기를 생산하는 방법입니다. 바람이 많이 부는 해안가나 높은 고지대에 설치해야 효과를 볼 수 있어요. 우리나라에는 제주도 해안과 대관령 일대에 풍력 발전소가 설치되어 있습니다. 일부는 가동하고 있고, 추가 건설도 예정되어 있지요.

풍력 발전소는 바람이 부는 장소의 위치 선정이 까다롭고 설치비가 많이 드는 문제점이 있어요.

바람을 이용해 전기를 생산하지요. 하지만 설치비가 많이 들어요.

태양열 발전과 태양광 발전

태양 에너지를 활용해 전기를 만드는 방법에는 크게 태양열 발전과 태양광 발전이 있어요. 태양열 발전은 태양의 열에너지를 이용하는 방식이고, 태양광 발전은 태양의 빛 에너지를 이용하는 방식이에요.

태양열 발전은 집열판을 설치해 태양열을 모아, 그 열을 이용해 터빈을 돌려 전기를 얻어요. 주택이나 빌딩에 태양열 시설을 갖추면 난방용 에너지를 약 30% 절약할 수 있어요.

태양광 발전은 태양의 빛을 태양 전지에 직접 전기로 저장하여 이용하는 거예요.

두 방법 모두 환경친화적이지만, 설치 비용보다 열효율이 떨어지고 흐린 날에는 전기를 얻지 못한다는 단점이 있지요. 우리나라에서는 태양 에너지를 이용하는 곳이 점차 늘고 있어요.

난 무공해 에너지라네.

지열 에너지

20~150도의 뜨거운 지하수를 끌어 올려 직접 난방용으로 사용하는 방식입니다. 30~50%쯤은 화석 연료를 대체하는 효과를 볼 수 있어요. 뜨거운 온천수가 풍부한 지역에만 지열 설치가 가능하고, 멀리까지 물을 공급하지 못한다는 단점이 있어요. 우리나라에서는 포항과 제주도에서 지열 에너지 개발이 추진되고 있습니다.

수력 발전

댐에 물을 가두어 떨어지는 물의 힘으로 전기를 생산하는 방식입니다. 물의 낙차가 큰 곳에 댐을 지어야 해서 건설 비용이 많이 듭니다.

또한 비가 많이 내리는 시기에만 전기를 얻을 수 있어요. 우리나라는 20여 개의 다목적 댐에서 소량의 전기를 생산하고 있답니다.

조력 발전

밀물과 썰물의 조수 간만의 차이를 이용하여 전기를 얻는 방법입니다. 한꺼번에 많은 전기를 생산할 수 있으나 막대한 건설비가 들어가지요. 우리나라에는 대표적으로 시화호 조력 발전소가 있어요.

수소 에너지

순수한 물을 분해하여 연료 전지나 연료로 사용할 수 있는 에너지입니다. 공해가 전혀 없고 자동차 등의 동력으로 직접 사용할 수 있어요. 화석 연료를 가장 빠르게 대체할 수 있는 에너지로 주목받고 있지요. 그러나 폭발의 위험성이 크고 기술적으로 보완해야 할 부분이 많아서 대량 생산되지 못하고 있답니다.

하이드레이트

'불타는 얼음'이라고 불리는 새로운 에너지입니다. 천연가스만큼 열량을 내므로 제2의 에너지원이 될 수 있어요. 하지만 깊은 해저의 땅속에 갇혀 있으므로 캐내기가 어렵고 어떻게 보관하느냐는 문제가 걸림돌이 되고 있습니다.

우리나라는 전기를 화력 발전소에서 60%, 원자력 발전소에서 40% 정도를 생산하고 있습니다. 무공해와 거리가 먼 에

너지를 태워서 전기를 얻고 있지요. 화력 발전소는 악명 높은 화석 연료를 사용하고, 원자력은 핵연료를 사용하므로 환경에 나쁜 영향을 끼치고 있어요. 이 발전소에서만 내뿜는 이산화탄소의 양이 우리나라 산업 전체에서 내뿜는 양의 36% 정도나 차지하고 있어요.

우리나라는 현재 고리, 월성, 울진, 영광 등에서 25기의 원자력 발전소를 가동하고 있어요. 가동률은 세계 최고인데도 전기 사용량이 많아 추가로 건설할 예정이에요. 그런데도 해마다 전력 수요가 계속 늘어나서 원자력 발전소를 더 지어야 할 형편입니다.

그러나 원자력 발전소는 방사능 폐기물 문제와 바닷물의 온도 상승

등 환경 문제, 사고가 일어나면 방사능이 누출될 위험이 있어서 건설을 꺼리는 사람들이 많아요.

그렇다고 원자력 발전소의 보급을 무작정 막아서는 곤란하답니다. 만일 전기 부족으로 산업 현장이 마비되면 생활에 큰 불편을 겪을 뿐 아니라 국가적으로도 큰 타격을 입게 되니까요. 우리나라의 원전 기술은 세계 최고 수준으로 이미 안정성이 입증되었고, 사실 효율성에서 아직 원전을 대체할 만한 것이 없어요.

에너지와 환경 문제는 국가와 국민의 책임이 뒤따르는 사업이에요. 우리가 환경에 피해를 주는 발전소를 원치 않는다면 그에 따르는 노력을 해야 해요. 정부는 대체 에너지를 보급하는데 투자를 아끼지 말아야 하고, 우리는 에너지를 최소한으로 줄여서 사용하는 습관을 길러야 해요. 그렇지 않으면 기온은 더 올라갈 것이고, 우리는 끔찍한 환경의 재앙에서 벗어나지 못하게 될 거예요.

기후 관련 상식 퀴즈

여러분은 기후와 관련하여 에너지 문제도 알게 되었을 거예요. 얼마나 공부가 되었는지 퀴즈로 확인해 보세요.

01 날씨와 기후는 대기의 ＿＿＿＿＿＿＿ 상태예요.

02 ＿＿＿＿＿＿＿는 내일의 날씨도 미리 알려 줘요.

03 기상과 기후는 같은 뜻이에요. (○, ×)

04 1년 뒤의 기상은 무엇을 보고 판단하나요?

05 세계의 기후를 조사하여 구분해 놓은 사람은 누구인가요?

06 우리나라는 온대 기후예요. (○, ×)

07 우리나라에 장마가 찾아오는 계절은 _____이에요.

08 서유럽은 무슨 기후의 영향을 받나요?

09 열대 기후의 나라들은 _____ 부근에 모여 있어요.

10 한대 기후는 북극과 남극이에요. (○, ×)

11 타이가는 무슨 기후권에 속하나요?

12 사계절이 있는 나라들은 남반구의 중위도 지방에 모여 있어요. (○, ×)

13 지구는 오른쪽으로 몇 도나 기울어져 있나요?

14 계절이 생기는 것은 _____ 과 _____ 의 위치 변화 때문이에요.

15 공기를 움직이는 것은 무엇인가요?

16 바람은 기압이 높은 곳에서 낮은 곳으로 이동해요. (◯, ×)

17 바람은 낮에 _____에서 _____로 불어요.

18 봄에 산봉우리에서 아래쪽으로 부는 바람은 무엇인가요?

19 물 위에서 일어나는 회오리바람을 _____이라고 해요.

20 토네이도는 거대한 회오리바람이에요. (◯, ×)

21 겨울바람을 순 우리말로 무엇이라고 할까요?

22 봄에 황사를 몰고 오는 바람은 _____이에요.

23 _____가 누르는 힘을 기압이라고 해요.

24 기압이 높으면 저기압, 낮으면 고기압이에요. (◯, ×)

25 날씨가 좋을 때의 기압은 고기압이에요. (○, ×)

26 기압골은 ＿＿＿＿＿이 발생할 때 생겨요.

27 하늘 높이 층층이 쌓여 있는 먹구름을 무엇이라고 하나요?

28 ＿＿＿＿＿은 흐린 날 구름 사이에서 땅으로 떨어지는 에너지예요.

29 천둥은 벼락이 칠 때 나는 소리예요. (○, ×)

30 벼락을 끌어모아 땅으로 흘려보내는 장치는 무엇인가요?

31 우리나라에 해마다 찾아오는 열대성 저기압은 ＿＿＿＿＿이에요.

32 미국을 강타하는 열대성 저기압은 무엇인가요?

33 모든 열대성 저기압은 육지에서 발생해요. (○, ×)

34 태풍이 생길 때마다 이름이 붙어요. (○, ×)

35 태풍의 중심 기압이 낮을수록 태풍의 위력은 더욱 작아져요. (○, ×)

36 지구는 100여 년 전보다 기온이 0.74도 올랐어요. (○, ×)

37 _____는 햇빛이 가스층에 부딪혀 지구를 데워 주는 현상이에요.

38 지구가 갈수록 더워지는 것은 _____ 때문이에요.

39 온난화에 가장 큰 영향을 주는 기체는 무엇인가요?

40 자외선을 막아 주는 대기를 _____이라고 해요.

41 바닷물의 온도가 장기간 올라가면 라니냐가 발생해요. (○, ×)

42 이상 기후를 발생시키는 악마의 자식은 _____예요.

43 지구의 빙하가 줄어들고 있어요. (○, ×)

44 현재 바닷속으로 잠기고 있는 섬나라는 투발루예요. (○, ×)

45 방글라데시는 해마다 홍수 피해를 보고 있어요. (○, ×)

46 지진 해일을 무엇이라고 부르나요?

47 내몽골 지역은 사막화가 진행되고 있어요. (○, ×)

48 건조한 바람이 오랫동안 불면 가뭄이 찾아와요. (○, ×)

49 40도가 넘는 무더위를 무엇이라고 하나요?

50 우리나라는 온대 기후에서 _____로 변해 가고 있어요.

51 바다가 붉게 변하는 현상을 _____라고 해요.

52 난류성 물고기가 많아지는 것은 바다의 수온이 낮아졌기 때문이에요. (○, ×)

53 석탄, 석유 등을 무슨 연료라고 하나요?

54 숲이 줄어들수록 이산화탄소의 배출량은 늘어나요. (○, ×)

55 화석 연료를 대신해 줄 ＿＿＿＿＿가 필요해요.

정답

01 기상 | 02 일기 예보 | 03 × | 04 기후 | 05 쾨펜 | 06 ○ | 07 여름 | 08 지중해성 기후 | 09 적도 | 10 ○ | 11 냉대 기후 | 12 × | 13 23.5도 | 14 태양, 지구 | 15 바람 | 16 ○ | 17 바다, 육지 | 18 높새바람 | 19 용오름 | 20 ○ | 21 된바람 | 22 편서풍 | 23 공기 | 24 × | 25 ○ | 26 저기압 | 27 적란운 | 28 벼락 | 29 ○ | 30 피뢰침 | 31 태풍 | 32 허리케인 | 33 ○ | 34 ○ | 35 × | 36 ○ | 37 온실 효과 | 38 온난화 | 39 이산화탄소 | 40 오존층 | 41 × | 42 엘니뇨 | 43 ○ | 44 ○ | 45 ○ | 46 쓰나미 | 47 ○ | 48 ○ | 49 폭염 | 50 아열대 기후 | 51 적조 | 52 × | 53 화석 연료 | 54 ○ | 55 대체 에너지

기후 관련 단어 풀이

강수량 : 비, 눈, 우박, 안개 따위로 일정 기간 동안 일정한 곳에 내린 물의 총량.

북반구 : 적도를 경계로 지구를 둘로 나누었을 때의 북쪽 부분.

중위도 : 북반구와 남반구의 위도에서 가운데 부분에 있는 지역.

적도 : 지구의 북반구와 남반구를 나누는 0도의 선. 지구의 남북 양극으로부터 같은 거리에 있는 지구 표면에서의 점을 이은 선.

자전 : 지구가 중심축을 기준으로 스스로 돌아감.

공전 : 지구가 태양 둘레를 주기적으로 도는 일.

중력 : 지구가 물체를 끌어당기는 힘.

편서풍 : 위도 30~65도 사이의 중위도 지방에서 일 년 내내 서쪽으로 치우쳐 부는 바람.

고기압 : 대기 중에서 높이가 같은 주위보다 기압이 높은 영역.

방전 : 전기를 띤 에너지가 바깥으로 빠져나가는 현상.

지질 시대 : 화산 활동이 주기적으로 일어나던 시대.

빙하기 : 지구가 눈과 얼음으로 덮여 있던 시대.

간빙기 : 빙하기와 빙하기 사이에 눈과 얼음이 녹아서 따뜻했던 시대.

배럴 : 석유의 양을 재는 단위로, 1배럴은 약 159리터.

이산화탄소 : 불에 타는 물질이 내뿜는 무색의 기체로 공기보다 1.5배 무거움.

성층권 : 지상에서 10~50킬로미터 사이의 대기층.

오존층 : 지상에서 20~25킬로미터 사이에 오존이 있는 대기층.

유전자 변이 : 생물이 본래의 유전자를 잃고 몸 안팎이 다르게 변하는 것.

지구 온난화 : 지구의 기온이 높아지는 현상.

만년설 : 1년 내내 녹지 않는 높은 산꼭대기의 눈.

빙벽 : 해안선에서 낭떠러지 모양을 하고 있는 얼음.

지각 변동 : 땅바닥이 갈라지거나 오르내리며 지진을 일으키는 현상.

유목민 : 떠돌아다니며 가축을 길러서 생활하는 사람.

산성화 : 순수한 상태의 성질을 잃고 신맛이 나게 변함.

음력 : 달의 움직임을 기준 삼아서 달력의 날짜를 정한 것.

침엽수 : 소나무, 잣나무 등 잎이 뾰족한 나무.

활엽수 : 참나무, 감나무 등 잎사귀가 넓은 나무.

식생 : 식물이 일정한 지역에서 무리지어 사는 것.

헥타르 : 미터법에 의한 넓이의 단위. 1헥타르(ha) = 1만 m^2.

한류 : 온도가 비교적 낮은 해류.

난류 : 적도 부근의 저위도 지역에서 고위도 지역으로 흐르는 따뜻한 해류.

집열판 : 열을 한곳으로 끌어모으는 장치.

태양 전지 : 태양의 빛 에너지를 전기로 바꾸는 장치. 실리콘 같은 반도체의 광기전력 효과를 이용함.

다목적 댐 : 필요에 따라 전기와 물 공급, 홍수 조절을 할 수 있는 댐.

조수 간만 : 밀물과 썰물에 의하여 바닷물의 높이가 불었다 줄었다 함.

방사능 : 핵연료에서 몸에 해로운 방사선이 외부로 빠져나가는 현상.